Auf das Unrecht,
da folgt das Übel,
wie die Trän' auf
den herben Zwiebel.

Friedrich von Schiller
(1759-1805)

MULTITALENT
Zwiebel

getestet von
Carola Ruff

BuchVerlag
für die Frau

ISBN 978-3-89798-264-2

Fotos: Lore Jacobi (Titel, S. 39, 77, 93),
Ketchum GmbH c/o Butaris (S. 71),
The Food Professionals c/o Goldpuder
(S. 106/ 107),
LEERDAMMER® (S. 53),
weimar GmbH/ Maik Schuck (S. 8/ 9),
Carola Ruff (alle übrigen Fotos)
Einband, Satz und Typographie:
Lore Jacobi
Druck: Klingenberg Buchkunst Leipzig
Bindearbeiten: Müller Buchbinderei
GmbH Leipzig

Printed in Germany

www.buchverlag-fuer-die-frau.de

INHALT

Zwiebeln haben's in sich

Zwiebeln gehören zu den ältesten Kulturpflanzen der Welt und sind heutzutage ein Alltagsgemüse, das ganzjährig erhältlich ist. Aber wenn sich der Sommer dem Ende zuneigt, beginnt für Zwiebeln die Feiersaison. In ganz Deutschland finden Zwiebelmärkte statt und alles dreht sich um die vielseitige Knolle. Weimar in Thüringen hat wohl den ältesten und traditionsreichsten Markt seiner Art. Hier findet der Zwiebelfan, was das Herz begehrt: Zwiebelkuchen, Zwiebelmännchen, Zwiebelkalender und sogar Zwiebelsuppe zum Mitnehmen – in der

Tüte. Und natürlich den beliebten Zwiebelzopf, zweifarbig, mini oder extralang. In den drei Oktobertagen werden 30 000 Zwiebelzöpfe zu je 1 Pfund verkauft.
Da bestätigt sich wieder, dass Zwiebeln *(Lat. Allium cepa)* – gleich nach Tomaten – bei uns das beliebteste Gemüse sind! Trotzdem wissen wir erstaunlich wenig von der Zwiebel und nutzen auch ihr kulinarisches Potential kaum aus. Meist verwenden wir sie nur als Gewürz in Salaten und Saucen. Dabei ist sie es wert, als eigenständiges Gemüse

Seiten 8/9:
Händler auf dem Weimarer Zwiebelmarkt

auf den Tisch zu kommen. Denn wer viel Zwiebeln isst, tut auch etwas für seine Gesundheit, wussten bereits unsere Vorfahren vor mehr als 5000 Jahren.

Ursprünglich war die Zwiebel vermutlich in Asien, im Raum des heutigen Afghanistan beheimatet. Von dort begann ihr kulinarischer Siegeszug um die Welt. So waren Zwiebeln im alten Ägypten nicht nur Grabbeigabe für die Toten oder Geschenk für die Götter, auch die Lebenden schätzten Zwiebeln zu jeder Mahlzeit. Weil man glaubte, dass Zwiebeln Körperkräfte und Gesundheit stärken, bekamen die ägyptischen Pyramidenbauer für insgesamt 1600 Silbertalente (umgerechnet ca. 4 Mio Euro) Zwiebeln, Knoblauch und Rettich zu den täglichen Mahlzeiten. Vielleicht würde es ohne diese gesunde Nahrung die Pyramiden gar nicht geben …

Bei den Römern galt die Zwiebel als Grundnahrungsmittel – vor allem für die ärmeren Schichten. Die Römer brachten das geruchs- und geschmacksintensive Gemüse nach Europa.

Der lateinische Name *Allium* leitet sich vom keltischen *all* – brennend oder *halare* – stark duftend ab. Das deutsche Wort Zwiebel stammt vom lateinischen *cepa* bzw. der Verkleinerung *cepula*. Hierzulande wurden die scharfen Knollen im Mittelalter bekannt – vorerst als

Mittel zur Bekämpfung von Pest und Cholera.

In Frankreich machten Könige die Zwiebeln am Hofe gesellschaftsfähig und damit auch begehrenswert für das einfache Volk. Heute kann die französische Hausfrau unter einer viel größeren Vielfalt von Zwiebel-Sorten wählen als die deutsche.

Das gilt auch für die Spanier, welche die Zwiebeln durch die Mauren kennen lernten, die im 8. Jahrhundert die iberische Halbinsel eroberten. In der „Libra Agrèga“, einem Arznei- und Heilmittel-Buch, beschreibt der maurische Dichter Serapion Jr. 1290, dass Zwiebeln nicht nur gegen Halsschmerzen,

Schnupfen und Verstopfung helfen, sondern praktisch alle Leiden der einzelnen Körperteile mit ihr geheilt werden können. Dank der modernen Wissenschaft wissen wir heute auch warum.

Was unter den sieben Häuten steckt

Schon Hippokrates (460-370 v. Chr.), der Begründer der modernen Medizin, aß gern Zwiebeln, am liebsten gleich roh. Denn roh oder nur kurz gedünstet verzehrt können Zwiebeln Wunder bewirken im Kampf gegen hohe Cholesterinspiegel, schlechte Blutwerte und sogar schützen vor Magen- und Dickdarmkrebs.

100 g Zwiebel enthalten ca. 27 kcal, 88 g Wasser, 1,25 g Eiweiß, 0,01 g Fett und 6 g Kohlenhydrate. Mit 7 mg Vitamin C, 0,034 mg Vita-

min B_1, 0,02 mg Vitamin B_2 und 0,15 mg Vitamin B_6, 0,20 mg Niacin (B_3), 0,26 mg Vitamin E und 0,17 mg Pantothensäure (B_5) ist die Zwiebel dem Apfel ebenbürtig. Sie birgt außerdem viele Mineralstoffe wie Kalium, Phosphor, Kalzium, Magnesium, Natrium und Eisen. Aber auch Spurenelemente wie Selen, Zink, Kupfer, Fluor, Mangan, Molybdän.

Zwiebeln enthalten etwa 10 000 sekundäre Pflanzenstoffe, u.a. Sulfide, die zu den wirksamsten bioaktiven Substanzen gehören, die bakterielle Infektionen bekämpfen, das Wachstum krankheitserregender Mikroorganismen und Pilze im menschlichen Körper hemmen,

Entzündungen verhindern und asthmatische Reaktionen unterdrücken.

Das bisschen Fett in der Zwiebel gehört hauptsächlich zu den mehrfach ungesättigten Fettsäuren (Linolsäuren), die das Immunsystem stärken und Voraussetzung für den Ausbau von hormonähnlichen Substanzen sind. Diese hemmen Entzündungen, schützen die Magenschleimhaut, regulieren den Blutdruck und beeinflussen die Blutgerinnung. Die Zwiebel enthält auch ein wenig Eiweiß, wobei dieses alle acht essenziellen Aminosäuren aufweist, die der Körper nicht selbst herstellen kann, sondern mit der Nahrung zu sich nehmen muss.

In einem Satz: Zwiebeln regen den Appetit an, fördern die Verdauung, senken den Blutzucker, stärken das Herz, mildern zusammen mit Honig und Milch Erkältungskrankheiten und Husten und wirken außerdem antibiotisch. Trotzdem gilt – Zwiebeln sind zwar Heilpflanzen, aber keine Medikamente. Nach den Erfahrungen unserer Vorfahren unterstützen sie die Heilung bei verschiedenen Krankheiten, ersetzen aber nicht Diagnose und Therapie durch einen Arzt. Dies gilt besonders bei erkrankten Kindern.

Äußere Anwendungen

Zwiebelumschläge verringern die Beschwerden bei Lungen- und Rippenfellentzündung. Eitrige Geschwüre, Furunkel und Gerstenkörner werden durch Zwiebelauflagen zum Aufbrechen gebracht, die Heilung wird beschleunigt. Das gilt auch für kleinere Wunden, Entzündungen und Hämorrhoiden.

Zwiebelumschläge helfen bei Migräne (auf die Schläfen legen), Mittelohrentzündung, Ohrenschmerzen und bei Nasennebenhöhlenentzündung (jeweils auf Ohren bzw. Nase und Stirn legen), Halsschmerzen und Heiserkeit (um den Hals wi-

ckeln), Gelenkschmerzen (betroffene Gelenke umwickeln).
Roher Zwiebelsaft heilt kleinere Schnittverletzungen oder Brandwunden schneller und reduziert die Schwellung bei Insektenstichen. Zügig den Stachel entfernen und eine halbierte Zwiebel auf die betroffene Stelle drücken. Wer im Mund gestochen wurde oder eine Wespe oder Biene verschluckt hat, sollte sofort den Arzt rufen und bis zu seinem Eintreffen rohe Zwiebeln kauen. Dies verhindert bzw. verzögert das Zuschwellen.

Warme Zwiebelumschläge

Kleingehackte rohe Zwiebeln in ein Mull- oder Leinensäckchen füllen, 10 Minuten in Wasser kochen, ausdrücken und so warm wie möglich auf den kranken Körperbereich legen. Mit einem Handtuch abdecken oder umwickeln.

Rohe Zwiebel

Einreibungen mit rohen Zwiebeln im Rücken oder Unterleibsbereich lindern Beschwerden bei Blasenentzündungen. Wunde Füße z.B. nach einer Wanderung immer wieder mit einer halben Zwiebel einreiben.

Zwiebelsalbe

1 feingehackte Zwiebel mit 1 EL Schmalz einkochen, je 1 EL Honig und Milch zufügen und einköcheln lassen. Bei rauer Haut z.B. nach Gartenarbeit oder für entzündete Stellen, die nicht abheilen wollen, abends gut einreiben, lange einziehen lassen bzw. über Nacht Baumwollhandschuhe überziehen. Immer frisch zubereiten.

Schnupfenhilfe

Als Alternative zu Nasensprays bei verstopften Schnupfennasen: Ein Säckchen mit gehackten Zwiebeln über dem Bett lässt Kinder im Schlaf freier atmen.

Innere Anwendungen

Zwiebeln sind harntreibend und verhindern Wasseransammlungen in den Beinen, regen die Schleimproduktion an und wirken so bei Entzündungen der Atemwege lindernd. Da sie auch die Bildung von Magen- und Darmsekreten anregen, fördern sie die Verdauung und helfen bei Darminfekten. Zwiebeln gehören daher zu jeder Frühjahrskur.

Täglich eine feingehackte Zwiebel essen hilft bei Verstopfung und entgiftet den Körper.

Wer trotz guter Zahnpflege zu Karies neigt, sollte regelmäßig eine größere rohe Zwiebel essen. Die Schwefelverbindungen der Zwiebel

töten das Bakterium ab, das Karies mitverursacht.
Roher Zwiebelsaft mit Honig vermischt hilft bei Erkältungen, bei Verstopfung und regt die Ausscheidung über die Haut an.

Zwiebel-Halswasser

1 gehackte Zwiebel mit 1/4 l Wasser aufkochen, 2 Stunden ziehen lassen, absieben. Erst damit gurgeln und zum Schluss einen Schluck trinken. Hilft bei Halsschmerzen und Heiserkeit.

Tipp: *Berufstätige füllen sich den Tagesbedarf in kleine Flaschen um.*

Zwiebelkur-Saft

1 große Zwiebel mit 1/4 l Wasser aufkochen. Pürieren, mit Honig süßen und morgens schluckweise trinken. Wirkt blutreinigend.

Zwiebel-Honig-Milch

Saft einer Zwiebel mit 1 Tasse warmer Milch und 1 TL Honig vermischt hilft bei Magen- und Bauchschmerzen und ist ein altbekanntes Hausmittel bei Schlaflosigkeit.

Zwiebel-Hustensirup

2-3 Zwiebeln klein hacken, mit soviel braunem Zucker bestreuen, dass sie bedeckt sind. Über Nacht stehen lassen. Austretenden Saft stündlich löffelweise einnehmen.

Zwiebel-Knoblauch-Schnaps

je 1 weiße Gemüse- und Frühlingszwiebel, 3-4 Knoblauchzehen, 2 x 0,7 l Doppelkorn

Zwiebeln und Knoblauch schälen, pürieren und mit Korn vermischt mehrere Wochen in der Sonne stehen lassen. Öfters schütteln. Hat sich der Zwiebelbrei abgesetzt, vorsichtig umfüllen. Restlichen Zwiebelbrei mit weiteren 0,7 l Doppelkorn auffüllen. Eine weitere Woche stehen lassen, abseihen und mit der anderen Flasche mischen.

Als Geschenk in kleinere Flaschen umfüllen. Jeden Abend 1 Gläschen hilft bei Durchblutungsstörungen wie eingeschlafenen Händen oder Kribbeln in den Beinen nach längerem Sitzen. Außerdem soll er Verkalkung verhindern! Pro Gläschen Schnaps 1 EL Honig unterrühren und er schmeckt besser!

Tipp: *Frühlingszwiebeln bleiben länger frisch, wenn man sie im Gemüsefach des Kühlschranks in einem aufgeblasenen Frischhaltebeutel aufbewahrt.*

Die heimliche Königin der Küche ...

Die Speisezwiebel gehört zur Gattung der Liliengewächse. Doch uns interessiert nur ihre Knolle, in der sie die Nährstoffe für das nächste Frühjahr speichert. Weltweit sind etwa 500 wilde oder gezüchtete Speise-Zwiebelarten und -sorten bekannt, die sich in Farbe, Form und Geschmack unterscheiden.

Bei uns werden überwiegend gelbe, manchmal auch weiße und rote Zwiebeln angeboten wie die „Stuttgarter Riesen“ und die „Rote Braunschweiger“. Hobbygärtner können aber auch nicht handelsübliche Sorten anpflanzen.

Bekannte deutsche Zwiebelanbaugebiete sind Calbe in Sachsen-Anhalt, Uelzen in Niedersachsen, Frankenthal in der Pfalz, Bamberg in Franken und Erfurt in Thüringen.

Nur die Hälfte der bei uns benötigten Zwiebelmenge – das sind jährlich pro Kopf etwa 7 kg – wird hier angebaut. Der Rest wird aus der ganzen Welt wie z.B. aus Spanien, China, Indien oder Südafrika importiert. Weltweit werden jährlich etwa 3 Millionen Tonnen Zwiebeln geerntet und stehen damit in der Rangfolge der angebauten Gemüse nach Tomate, Melone und Wassermelone an vierter Stelle.

Weiße Zwiebeln, die intensiv nach

Knoblauch schmecken und für Salate, gebacken oder in Folie gegrillt, geeignet sind, kommen wie die saftigen, milden Roten, die auch optisch viel hermachen, meist aus Italien oder Ägypten. Die große Gemüsezwiebel, die sich zum Rohessen, Schmoren, zum Füllen und für gebackene Zwiebelringe eignet, stammt ursprünglich aus Spanien.

Schalotten *(Allium ascalonicum)* sind länglich, rosa, grün, braun oder grau und unter ihrer lockeren Schale sitzen oft mehrere Zwiebelchen. Sie werden schnell gar und eignen sich gut für Saucen und Fischgerichte. Da sie den feinsten Geschmack besitzen, nennt man sie auch Edel- oder Askalonzwiebel, nach der israelischen Hafenstadt Ashqelon. Der Legende nach haben Kreuzfahrer sie von dort mit nach Europa gebracht.

Frühlings- oder Lauchzwiebeln
(Allium fistulosum)
Die hohlen Röhren mit der kleinen flachen Zwiebel sind eigentlich nur normale, aber sehr junge Zwie-

beln. Sie halten sich nur wenige Tage und sollten sofort verbraucht werden. Roh oder leicht gedünstet schmecken sie in Suppe oder Kartoffelbrei am besten. Im Gegensatz zum Lauch kann man das Dunkelgrüne mitessen.

Perl- oder Silberzwiebeln

(Allium porrum var. sectivum)
Die etwa haselnussgroßen Zwiebeln mit der hellen, silbrigen Haut werden hauptsächlich in Italien und den Niederlanden angebaut und kommen als saure Silberzwiebeln oder zusammen mit Gürkchen als Mixed Pickles in den Handel.

Lauchzwiebeln verführen mit mildem Aroma

Luft-, Etagen- oder Catawissazwiebeln *(Allium cepa var. proliferum/viviparum)* tragen an der Spitze des 30-60 cm hohen Zwiebellauchs statt Blüten 6-8 kleine Brutzwiebeln, die von selbst zu Boden fallen und neu austreiben. Da sie winterhart sind, kann man das ganze Jahr ihren Lauch wie Frühlingszwiebeln essen. Die kleinen Zwiebeln sind scharf, schmecken frisch oder können wie Silberzwiebeln eingelegt werden. Sie sollen mehr Vitamin C als ihre großen Schwestern enthalten, lassen sich aber nur schwer schälen.

Luftzwiebeln – im Volksmund auch Sibirischer Lauch genannt.

Zwiebeln im Garten

4,05 kg wog „The Kelsae", die größte Gemüsezwiebel der Welt, die es auch ins Guinessbuch der Rekorde schaffte. Wer ebenfalls sehr große Zwiebeln ernten möchte, sollte sie rechtzeitig ab Februar, Anfang März unter Glas in Kistchen oder Töpfen anzüchten. Normale Aussaat ins Freiland bringt milde große Gemüsezwiebeln mit guter Lagerfähigkeit.

Die herkömmlichen Küchenzwiebeln sind unproblematische Gartenpflanzen. Stehen sie einigermaßen sonnig, tolerieren sie fast jeden Boden, außer er ist frisch gedüngt. Je nach Aussaatzeit unterscheidet

man Sommer- und Winterzwiebeln. **Sommerzwiebeln** sät man ab Februar und erntet im September feste, ein halbes Jahr lagerfähige Früchte. Die im August des Vorjahres gesetzten **Winterzwiebeln** kann man ab Juni für knackige Sommersalate verwenden. Sie enthalten etwas mehr Wasser als ihre Sommerschwestern und sind dadurch etwas milder und saftiger. Dafür sind sie nur kurze Zeit lagerfähig.

Am besten pflanzt man Zwiebeln jedes Jahr an eine andere Stelle im Garten, dabei Steckzwiebeln und Schalotten in Reihen im Abstand von 20 cm nur so tief stecken, dass der Zwiebelhals noch sichtbar ist. Sind sie reif, vergilbt das Laub und knickt um. An einem trockenen Tag vorsichtig ausgraben und 14 Tage zum Nachreifen an einem überdachten Platz lagern. Ist das Laub eingetrocknet, in Netzen aufbewahren oder mit dem Laub zu Zöpfen flechten und an einem kühlen, luftigen Ort aufhängen.

Haben wir bei der Ernte eine Pflanze übersehen, können wir uns im nächsten Frühjahr nicht nur an weißen oder rosa Blüten erfreuen, sondern auch schon die pikanten Knollen genießen und neue Gerichte ausprobieren.

Haushaltstipps

Zwiebeln einkaufen

Beim Zwiebelkauf das Netz schütteln. Raschelt es leise, sind die Zwiebeln in Ordnung.
Frische Zwiebeln sind beim Kauf prall und trocken und haben keine grünen Spitzen.

Lagerung

Zwiebeln niemals in Plastiktüten oder im Kühlschrank aufbewahren, da sie darin schwitzen, feucht werden und zu schimmeln beginnen. Besser in einer Papiertüte, einem Gitterkorb oder einem Zwiebeltopf kühl und trocken lagern.
Das Keimen von Zwiebeln lässt

sich hinauszögern, wenn man den Stielansatz mit einer Flamme (Kerze, Feuerzeug) ansengt.

Zwiebelschneiden ohne Tränen

Die Zwiebel vorher in kaltes Wasser tauchen und das Messer immer wieder kalt abspülen oder die Zwiebel in heißem Wasser blanchieren.
Die Zwiebeln am offenen Fenster oder unter der Dunstabzugshaube schneiden.
Immer im Stehen schneiden, da ist der Abstand von den Zwiebeln zu den Augen am größten. Im übrigen desinfizieren und befeuchten Tränen die Augen. Also nehmen Sie es als eine Art Augen-Medizin billigend in Kauf!

Zwiebelringe schneiden

Vor dem Pellen an der Wurzelseite eine flache Kappe abschneiden, pellen. Zum Anfassen Stängelansatz dranlassen.

Zwiebelwürfel schneiden

Gepellte Zwiebelhälften vom Wurzelende her zum Stiel hin quer in zwei oder drei Scheiben schneiden. Dabei zum Stiel hin nicht ganz durchschneiden. Jetzt die Zwiebel quer würfeln.

Darauf achten, dass die Würfel möglichst gleich groß werden. So werden beim Braten alle gleichzeitig gar.

Fleischzartmacher Zwiebel

Zähes Fleisch wird durch Zwiebelsaft wunderbar weich. Einfach über Nacht in eine Mischung aus gleichen Teilen Zwiebelsaft, Öl und Milch einlegen.
Noch einfacher: Zwiebeln in Öl und Milch pürieren und damit das Fleisch einstreichen

Und beim Nachkochen der folgenden Rezepte immer daran denken, die Zwiebeln erst kurz vor der Zubereitung zu schälen und zu schneiden, sie werden sonst leicht bitter.
Alle Rezepte sind, außer wenn es anders angegeben ist, für 4 Personen berechnet. Guten Appetit!

Radieschen-Zwiebel-Salat

4 Bund Radieschen,
2 weiße Zwiebeln, beides in feine Scheiben geschnitten,
1 Bund Schnittlauch, fein gehackt

Sauce:
4 EL Weißweinessig,
8 EL Öl,
Salz, Pfeffer,
1 Prise Kreuzkümmel

Radieschen, Zwiebeln und Schnittlauch locker vermengen. Saucenzutaten mischen und darüber gießen. Dazu schmecken Pellkartoffeln von neuen Kartoffeln und

Ziegenkäse-Bällchen (200 g Doppelrahmfrischkäse mit 100 g Ziegenfrischkäse vermengen und in 2 Bund gehacktem Schnittlauch wälzen).

Roter Zwiebelsalat

400 g rote Zwiebeln,
250 g Rote-Bete (Glas),
2 Äpfel, alles in feinen Scheiben,
1/8 l Rote-Bete-Sud,
Pfeffer, Salz

Alle Zutaten mischen, mindestens 1 Stunde durchziehen lassen.

Birnen-Zwiebel-Salat

je 2 große Birnen und
rote Zwiebeln, 1/2 Fenchelknolle,
8 Erdbeeren,
alles in feinen Scheiben
Dressing:
4 EL Zitronensaft,
125 g Blauschimmelkäse in
Würfeln, Pfeffer, Salz, 2 EL Olivenöl,
1 EL Fenchelgrün, klein gehackt

Birnen mit Zitronensaft beträufelt auf vier Tellern anrichten. Dressingzutaten mischen, gut würzen und auf den Birnen verteilen und sofort servieren.

Tipp: *Im Winter statt mit Erdbeeren mit Orangenfilets servieren.*

Original Zwiebelsuppe

300 g Gemüsezwiebeln,
2 EL Öl,
1 TL Mehl,
700 ml Gemüsebrühe,
200 ml Weißwein,
Salz,
frisch gemahlener Pfeffer,
einige Thymianblättchen,
Rosmarin, gehackt,
4 Scheiben Toastbrot,
150 g LEERDAMMER® Original

Backofen auf 240 Grad vorheizen. Zwiebeln abziehen, in Streifen schneiden, in erhitztem Öl andünsten und mit Mehl bestäuben. Brühe und Wein angießen und abgedeckt

LEERDAMMER
Original
LEERDAMMER
Original

ca. 10-15 Minuten garen. Mit Salz, Pfeffer, Thymian und Rosmarin abschmecken und in Suppentassen füllen.

LEERDAMMER® Original in feine Streifen schneiden, Toastbrot damit bestreuen, auf die Suppe legen und ca. 3-5 Minuten goldbraun überbacken.

Tipp: *Suppen oder Saucen erhalten einen würzigen Geschmack, wenn man eine geschälte Zwiebel mit Lorbeerblatt und Gewürznelken spickt und in der Suppe mitgart.*

Rote Zwiebelsuppe mit Ziegenkäse-Croûtons

500 g rote Zwiebeln, 3 EL Butter,
2 EL Mehl, 1/8 l Weißwein,
1 l Brühe, Pfeffer, Salz, Muskat,
4 Scheiben Baguette,
4 Ziegenkäse à 25 g

Zwiebelringe in Butter andünsten, mit Mehl bestäuben. Mit Wein und Brühe angießen, aufkochen und bei kleiner Hitze etwa 10 Minuten kochen. Kräftig würzen. Brotscheiben mit Käse belegen und im Grill oder Backofen kurz überbacken, in Würfel schneiden. Suppe in Tassen verteilen, Brotwürfel in die Suppe geben und sofort servieren.

Grüne Suppe

je 2 Zwiebeln und Schalotten,
gewürfelt,
je 500 g Frühlingszwiebeln
und grüner Spargel,
in 4 cm langen Stücken,
1 1/4 l Brühe, 6 EL Olivenöl,
Pfeffer, Salz, 1 Prise Zucker,
1 EL Bärlauch- oder anderes Pesto

Alle Zwiebeln und Spargel in Öl andünsten, mit Brühe auffüllen. Bei mittlerer Hitze etwa 30 Minuten garen, Pesto in die Suppe rühren, nachwürzen und servieren.

Tipp: *Im Winter schmeckt die Suppe statt mit Spargel auch mit Kohlrabi oder weißem Rettich.*

Kartoffelsuppe

1 Gemüsezwiebel, 400 g Lauch,
in Ringen, 1 EL Butter,
300 g mehlig kochende Kartoffeln,
geschält und gewürfelt,
3/4 l Brühe, 1 EL Majoran,
4 Wiener Würstchen, in Scheiben,
2 EL Crème fraîche,
Pfeffer, Salz

Zwiebeln, Lauch und Kartoffeln in Butter andünsten, mit Brühe auffüllen. Bei kleiner Hitze etwa 20 Minuten garen. Einen Teil des Gemüses herausnehmen, Rest in der Brühe pürieren. Gemüse, Wurst, Majoran und Crème fraîche in die Suppe geben. Kräftig würzen.

Zwiebelgemüse & Snacks

Grillzwiebeln und -Tomaten mit Salbei-Aioli

Marinade:
8 EL Olivenöl, 3 Knoblauchzehen,
1 Stängel Salbei, 1 Bund Basilikum,
beides feingehackt,
Pfeffer, Salz,
je 2 rote, gelbe und weiße Zwiebeln,
8 Tomaten,
alles in 2 cm dicken Scheiben
Aioli:
1 Eigelb, Saft einer halben Zitrone,
3 Knoblauchzehen, durchgedrückt,
je 2 EL feingehackte Salbeiblätter
und Schnittlauchröllchen,
1/4 l Olivenöl, Pfeffer, Salz

Marinadezutaten verquirlen, Zwiebeln und Tomaten darin ziehen lassen. Eigelb mit Zitronensaft, Knoblauch, Salbei und Gewürzen verrühren, erst tropfenweise, später im Strahl das Öl dazugießen und so lange rühren, bis eine dickliche Mayonnaise entstanden ist.
Zwiebeln und Tomaten in Alufolie einwickeln und auf den Grill legen, öfters umdrehen. Nach 8-10 Minuten sollten sie gar sein. Mit Aioli servieren.

Tipp: *Zwiebelreste in etwas Öl dünsten und portionsweise einfrieren.*

Kartoffelbrei mit Frühlingszwiebeln

750 g Kartoffeln, Salz,
1 Bund Frühlingszwiebeln,
150 ml Milch, Pfeffer, Salz,
125 g Butter

Die Kartoffeln in Salzwasser garen. Zwiebelringe in der Milch aufkochen und 3 Minuten köcheln lassen. Kartoffeln abgießen. Zwiebelmilch zugeben und zu Brei stampfen (nicht pürieren). In eine Schüssel füllen. In die Mitte eine Mulde drücken und die Butter darin schmelzen lassen. Zu allen Fleisch- und Gemüsegerichten. Schmeckt Kindern auch als Hauptgericht!

Peperonata

je 300 g Paprikaschoten,
Zwiebeln und Tomaten,
4 EL Olivenöl, Pfeffer, Salz,
1 TL Essig

Grobgehackte Zwiebel mit Paprikastreifen und Tomatenscheiben in Öl dünsten, würzen. Bei kleiner Hitze langsam garen lassen, so dass es nicht zerfällt, aber keine Flüssigkeit mehr vorhanden ist. Warm oder kalt als Vorspeise oder Beilage zu Fleischgerichten servieren.
Mit 2 verquirlten Eiern pro Person, die man im Gemüse stocken lässt, ist Peperonata im Sommer eine leichte Hauptmahlzeit.

Geschmorte Schalotten

Pro Person:
4 frische, längliche Schalotten,
80 ml Oliven- oder Erdnussöl,
je 1 Zweig frischer Thymian
und Rosmarin,
Salz

Backofen auf 200 Grad vorheizen. Schalotten mit Kräutern in eine kleine feuerfeste Form legen, mit Öl beträufeln, salzen. Soviel Wasser zugeben, dass sie ganz bedeckt sind. 45 Minuten schmoren, bis die gesamte Flüssigkeit verdampft ist. Heiß oder lauwarm zu allen Arten von Fleisch oder Fisch servieren oder auf einer Scheibe Butterbrot!

Zwiebel-Knoblauchbrote

Pro Person:
2 Scheiben Baguettebrot,
1 EL Knoblauchbutter,
1 kleine weiße Zwiebel,
je 1 EL Reibekäse und
1 EL Butter

Die Brotscheiben in Knoblauchbutter von beiden Seiten braten, mit Zwiebelscheibchen belegen, Käse und Butter verrühren, auf dem Brot verstreichen und bei 200 Grad so lange überbacken, bis der Käse schmilzt. Auf Salatblättern anrichten.

Überbackene Zwiebeln

8 große Zwiebeln, 3/4 l Brühe,
je 125 g Rinderhack und Schinken,
gewürfelt, 1 Scheibe Toast,
1 Ei, Pfeffer, Salz, 1 TL Majoran,
50 g Emmentaler, gerieben,
je 3 EL Semmelbrösel und Butter

Zwiebeln in der Brühe 10 Minuten vorgaren. Abgekühlt aushöhlen. Eingeweichten Toast ausdrücken, mit Ei, Zwiebelinnerem und Gewürzen vermengen. Zwiebeln damit füllen. Käse, Semmelbrösel und Butter zu Brösel verkrümeln, über die Zwiebeln streuen. Mit 1/4 l Brühe angießen und bei 200 Grad 30 Minuten überbacken.

Zwiebel Royal

600 g rote Zwiebeln,
in Streifen geschnitten,
2 EL Erdnussöl,
200 ml Rotwein,
je 3 EL Rotweinessig und Creme
de Cassis (Johannisbeerlikör),
1 EL Zucker, 1 Msp. Zimt,
1 Prise Gewürznelken, Pfeffer, Salz

Zwiebeln in Öl dünsten, unter ständigem Rühren Zucker zugeben, mit Essig ablöschen und solange garen, bis der Essig verdampft ist. Restliche Zutaten zugeben und etwa 20 Minuten köcheln lassen. Zu Geflügel, Fisch oder hellem Fleisch servieren.

Zwiebelringe

Pro Person:
2 möglichst runde Zwiebeln, in 3 mm dicken Scheiben, 2 EL Milch, Pfeffer, Salz, 2 EL Mehl, Schweineschmalz zum Ausbacken

Zwiebelringe durch die Milch ziehen, abtropfen lassen. Mehl und Gewürze in eine kleine Plastiktüte schütten, Zwiebelringe dazugeben, Tüte aufblasen, fest zuhalten und kräftig schütteln. Die fein bemehlten Zwiebelringe in heißem Fett backen, bis sie goldgelb und knusprig sind, auf Küchenpapier abtropfen lassen und sofort servieren.

Zwiebel-Mais-Salsa

1 kl. Dose Maiskörner,
1 Avocado, geschält,
entkernt und gewürfelt,
Saft einer Zitrone,
1 Bund Frühlingszwiebeln,
in feinen Ringen,
8 frische Basilikumblätter,
feingehackt,
1 Prise Zucker,
Pfeffer, Salz

Alle Zutaten gut mischen. Kräftig gewürzt zu hartgekochten Eiern oder Rührei servieren. Die doppelte Menge kann auch als Gemüsebeilage zu Reis serviert werden.

Rindersteak mit Zwiebel-Orangen-Chutney

4 Entrecotesteaks,
4 EL Butaris,
4 Blutorangen,
4 rote Zwiebeln (300 g),
3 gestrichene EL Zucker,
175 ml Rotwein,
2 EL Rotweinessig,
2 Lorbeerblätter,
Salz, Pfeffer

Für das Chutney Orangen filetieren, Zwiebeln schälen und grob hacken. 2 EL Fett in einer Pfanne erhitzen, die Zwiebeln kurz darin anbraten,

Zucker darüber streuen und hellbraun karamellisieren. Mit Rotwein ablöschen, gut umrühren. Orangenfilets und evtl. -saft zugeben, Essig und Lorbeerblätter zugeben, aufkochen und bei starker Hitze 15 Minuten offen köcheln. Vor dem Servieren Lorbeerblätter entfernen und mit Salz und Pfeffer abschmecken.

Die Steaks im übrigen Butaris medium braten, mit Salz und frisch gemahlenem groben Pfeffer auf beiden Seiten würzen. Steaks mit dem Chutney zu Baguette und Salat servieren.

Tipp: *Machen Sie den Gartest: Wenn Fleischblut austritt ist das Steak innen noch roh, dann noch ca. 1 Minute in der Pfanne garen.*

Zwiebel-Sahneschnitzel

4 Schweineschnitzel, 4 EL Öl,
je 500 g Zwiebeln und
Champignons, in Scheiben,
Majoran, Pfeffer, Salz,
250 ml Sahne

Schnitzel einzeln von beiden Seiten anbraten, kräftig würzen und in eine gefettete Auflaufform legen. Im Bratfett Pilze und Zwiebeln dünsten, würzen, mit Sahne und 1/8 l Wasser ablöschen, aufkochen und über die Schnitzel gießen. Form mit Alufolie abdecken und bei 180 Grad etwa 1 Stunde schmoren lassen.
Dazu schmecken Baguette, Reis oder Röstkartoffeln.

Berliner Bollenfleisch

je 1 kg Zwiebeln und
Lammfleisch mit Knochen,
Pfeffer, Salz,
je 2 Knoblauchzehen
und Lorbeerblätter,
1 EL Kümmel

Zwiebeln und Fleisch im Ganzen in einen Topf geben, mit soviel Wasser aufgießen, dass alles knapp bedeckt ist. Gewürze zugeben. Aufkochen und dann bei kleiner Hitze etwa 1 bis 1 1/2 Stunden garen. Fleisch in mundgerechte Stücke schneiden, Lorbeerblätter herausnehmen. In einer Terrine zu Stampfkartoffeln und sauren Gurken servieren.

Calbenser Bollenklump

je 2 kg Rippchen
und Zwiebeln, geviertelt,
Salz, Kümmel,
2,5 kg Kartoffeln,
roh gerieben, ausgedrückt,
1/2 kg gekochte Kartoffeln,
gerieben, Salz

Rippchen mit Gewürzen kochen, Knochen entfernen. Zwiebeln mit klein geschnittenem Fleisch in der Brühe garen. Für die Klöße (= Klump) die Kartoffeln gut mischen und eigroß in Salzwasser fast gar kochen und in der Fleisch-Zwiebelmischung fertig garen.

Linsen-Spaghetti mit Silberzwiebeln

1 Zwiebel, kleingehackt,
1 EL Butter, 1 EL Mehl, 1 kleine
Dose Linsen (420 g Einwaage),
1 Glas eingelegte Silberzwiebeln,
Pfeffer, Salz, Essig,
250 g gekochte Spaghetti

Zwiebel in Butter dünsten, mit Mehl bestäuben, mit dem Sud der eingelegten Zwiebeln ablöschen und zu einer dicken Sauce einkochen, Silberzwiebeln und abgetropfte Linsen mitschmoren lassen, heiße Spaghetti unterrühren, nochmals kräftig nachwürzen und heiß servieren. Ein beliebtes Ayurveda-Gericht.

Tagliatelle mit Erdnuss-Sauce

250 g Tagliatelle, al dente, Salz
Sauce:
je 1 rote und gelbe Zwiebel,
je 2 Frühlingszwiebeln, Schalotten
und Zucchini, 1 EL Olivenöl,
250 ml Gemüsebrühe,
4 EL Erdnussbutter,
Saft einer Limette, Salz, Pfeffer,
1 Bund Petersilie, gehackt

Zwiebeln in Stücken, Zucchini ungeschält, in kurzen Stiften, in Öl andünsten. Aus der Pfanne nehmen. Restliche Zutaten, außer Petersilie, in der Pfanne aufkochen, würzen. Zwiebelmix darin fertig garen. Nudeln im Zwiebelmix verrühren, mit Petersilie bestreut servieren.

Notfall-Spaghetti

je 500 g Spaghetti und Zwiebeln, 4 EL Butter, 125 ml Olivenöl, je 2 EL frischer Oregano und Basilikum, alles gehackt, ersatzweise 1 TL getrocknete Kräuter, Pfeffer, Salz

Spaghetti in Salzwasser und 1 TL Öl kochen. Butter und Öl erhitzen, Zwiebeln und Kräuter 10 Minuten dünsten, kräftig würzen. Spaghetti abgießen und mit der Zwiebelsauce mischen.

Nudeln, Zwiebeln und Kräuter sind immer vorrätig und alles ist in knapp einer Viertelstunde zubereitet. Ein guter Tipp für unerwarteten Besuch!

Scharfe Zwiebel-Ratatouille

*je 2 grüne Spitzpaprika, Zucchini,
Möhren und Gemüsezwiebeln,
4-6 Rispentomaten,
4 EL Olivenöl,
1 Glas Salsa-Dip (ersatzweise
1 Dose Tomaten in Stücken,
scharf gewürzt),
400 g Tagliatelle oder Bandnudeln,
al dente gekocht*

Geputztes, klein geschnittenes Gemüse in Öl dünsten. Mit Salsa-Dip aufgießen, solange köcheln lassen, bis alles gar ist. Abschmecken, mit den heißen Nudeln vermengt sofort servieren.

Spitzkohl-Gratin

1 kl. Spitzkohl, nudelig geschnitten,
2 Gemüsezwiebeln, in Ringen,
1 EL Öl, 1 EL Kümmel,
4 EL Orangenmarmelade,
4 EL Crème fraîche, 3 Eigelb,
Pfeffer, Salz

Kohl und Zwiebeln in Öl etwa 10 Minuten dünsten, in eine gefettete Auflaufform füllen. Mit Marmelade bestreichen. Crème fraîche, Gewürze und Eigelb verquirlen. Über die Marmelade gießen. Bei 200 Grad 35 Minuten backen, bis die Oberfläche goldbraun ist. Noch würziger wird das Gratin mit 2 EL Reibekäse im Eiermix.

Gefüllte Zwiebeln

4 große Gemüsezwiebeln,
2 EL Knoblauchbutter,
4 Scheiben Frühstücksspeck,
2 Eier,
4 EL geriebener Parmesan

Gemüsezwiebeln aushöhlen, so dass noch 2-3 Schichten stehen bleiben. In wenig Salzwasser etwa 5 Minuten garen. Speckwürfel und die Hälfte des Zwiebelinneren in der Butter braten, Eier verquirlen und zugeben. Füllung mit Parmesan mischen und in die Zwiebeln füllen und im vorgeheizten Backofen bei 250 Grad etwa 5 Minuten überbacken.

Pfeffer-Potthast

je 750 g Rindergulasch
und Zwiebeln,
1 Bund Suppengrün,
alles gewürfelt,
2 EL Butter oder Schmalz,
3/4 l Brühe,
Pfeffer, Kümmel,
3 EL Semmelbrösel,
1/2 Bund Petersilie

Fleisch, Zwiebeln und Suppengrün anbraten, mit Brühe aufgießen, würzen, Semmelbrösel zugeben und bei mittlerer Hitze schmoren. Mit Petersilie bestreut zu Salzkartoffeln oder Klößen servieren.

Zwiebel-Gyros

*je 750 g Schweinenacken
und Gemüsezwiebel,
evtl. 2 Knoblauchzehen,
4 EL Öl*

Fleisch in dünne Streifen schneiden, leicht salzen und mit dem Öl vermischen. Zwiebel in gleichgroße Spalten schneiden. Fleisch scharf anbraten, Zwiebel zugeben und alles etwa 3 Minuten braten. Knoblauch zum Fleisch pressen, kurz mitbraten und alles zusammen zu Tsatsiki und Pellkartoffeln oder Fladenbrot servieren.

Zwiebeln International

Italienischer Tomatensalat

Pro Person:
2 große, reife Tomaten und weiße Zwiebeln, beides in Ringen

Zwiebeln auf den Tomaten anrichten und Pfeffer, Salz, Öl und Essig dazu reichen, damit sich jeder seinen Salat selbst anmacht. Dazu Brot reichen.

Variante: Nur je eine Tomate und Zwiebel nehmen und mit Gurkenscheiben, geraspelten Möhren, Kopfsalat und schwarzen Oliven mischen

Cherhab
(Orientalische Zwiebelsuppe)

8 Zwiebeln, 4 Tomaten,
je 1 rote und gelbe Paprika,
alles grobgehackt,
1 Bund Pfefferminze,
3 Knoblauchzehen,
beides feingehackt,
1 l Brühe, 1 Eigelb,
Saft einer Zitrone, Pfeffer, Salz

Gemüse in Öl anbraten. Unter Rühren 15 Minuten dünsten, Brühe zugeben, weitere 10 Minuten kochen. Vom Feuer nehmen. Die Suppe mit verquirltem Eigelb binden. Würzen und je nach Geschmack mit Zitronensaft abschmecken.

Türkische Paprikaschoten

*16 kleine Spitzpaprika,
300 g Schafskäse, je 1/2 Bund
Minze und Petersilie, feingehackt,
2 Zwiebeln, 1 Knoblauchzehe,
beides püriert,
50 g Mandelstifte, 1 Ei, 100 g saure
Sahne, Kräutersalz, Pfeffer*

Sauce:

*je 3 EL Gemüsebrühe,
Crème fraîche, Weißwein*

Paprika aufschneiden, Kerne und weiße Häutchen entfernen. Füllungszutaten gut vermischt einfüllen. In eine Auflaufform legen. Saucenzutaten verrühren, über die Schoten geben, bei 200 Grad 30-45 Minuten backen. Zu Reis servieren.

Ludkes mit Lox-Smear
(Zwiebelpuffer
mit Lachs-Frischkäse)

Lox-Smear:
je 100 g Frischkäse
und Räucherlachs,
je 1 EL Dill, Schnittlauch
und Kapern,
alles feingehackt,
Pfeffer
Ludkes:
2 Kartoffeln,
2 Zwiebeln, 1 Zucchini,
alles gerieben,
2 Eier,
1 TL Salz, Pfeffer,
5 EL Mehl, 1 TL Backpulver,
Öl zum Backen

Für den Smear alle Zutaten miteinander verrühren. Kalt stellen. Inzwischen die Ludkes-Zutaten miteinander vermengen. Der Teig sollte die Konsistenz von Apfelmus haben, evtl. etwas mehr Mehl zugeben. Wie Kartoffelpuffer ausbacken. Auf Küchenpapier abgetropft heiß oder lauwarm mit Frischkäse servieren.
Dieses alte jüdische Gericht ist heute ein Hit in New Yorker „In"-Restaurants.

Tipp: *Blüht der Schnittlauch im Garten, kann man die Blüten über das Gericht streuen. Sie lassen sich auch gut locker in einer Plastetüte einfrieren.*

Karibisches Zwiebelhähnchen

8 Hühnerbeine oder -flügel,
400 g Zwiebel, beides in Scheiben,
250 ml Olivenöl, 2 EL Essig,
je 10 schwarze Pfeffer- und Pimentkörner,
50 g mit Paprika gefüllte Oliven,
Pfeffer, Salz

Hähnchenteile in der Hälfte des Öls auf allen Seiten bräunen, Zwiebeln zugeben und weiter dünsten. Restliche Zutaten mischen, Schlegel damit ablöschen, soviel Wasser auffüllen, dass alle Teile bedeckt sind. Etwa 30 Minuten kochen, bis die Schenkel gar sind und die Sauce eingedickt ist. Dazu Reis reichen.

Do Piaza
(Indisches Zwiebelgulasch)

*350 g Lammgulasch, 2 EL Öl,
je 4 rosa Pfefferkörner und
Gewürznelken, 1 cm Zimt,
je 1 TL Kreuzkümmel und Curry,
750 g Zwiebeln, in Ringen,
1 Tomate, gehackt, 1 TL Salz,
1 Knoblauchzehe, 1 cm Ingwer,
beides feingehackt*

Fleischwürfel kräftig anbraten, alle Zutaten zugeben und soviel Wasser, dass alles bedeckt ist. 30 Minuten zugedeckt, weitere 15 Minuten im offenen Topf köcheln lassen, bis fast alle Flüssigkeit verdampft ist. Zimt und Nelken herausfischen. Zu Reis oder Brotfladen servieren.

Pan Haggerty
(englischer Kartoffel-
Zwiebelauflauf)

125 g Speckwürfel,
3 Zwiebeln,
3 große mehligkochende Kartoffeln,
125 g Cheddarkäse,
Pfeffer, Salz, 1 EL Schmalz

Speck knusprig braten, verkrümeln. Zwiebeln im Speckfett dünsten, herausnehmen. In eine Auflaufform Speck, Kartoffel- und Zwiebelscheiben mit geriebenem Käse schichten, Bratfett darüber geben, bei 180 Grad 1 bis 1 1/2 Stunden backen, bis die Kartoffeln gar sind und sich eine schöne Kruste gebildet hat.

Onion Pie

(amerikanischer Zwiebelkuchen)

Mürbteig:

180 g Weizenmehl,
1 EL frischer Thymian, gehackt,
Pfeffer, Salz,
100 g eiskalte Butter, grobgehackt,
4 EL saure Sahne

Belag:

4 Scheiben Frühstücksspeck,
3 EL Olivenöl,
750 g Gemüsezwiebeln, in feinen Ringen,
3/4 Tasse schwarze Oliven, entsteint und gehackt,
Muskat, Pfeffer, Salz

Teigzutaten zügig verkneten, zu einem Kreis von etwa 30 cm Durchmesser ausrollen und in eine flache Auflaufform legen, hohen Rand ziehen. Kalt stellen.

Inzwischen Speck knusprig ausbraten, auf Küchenpapier abtropfen lassen, verkrümeln.

Zwiebeln in Öl so lange dünsten, bis sie fast weich sind. Oliven und Speck zugeben, gut mischen. Zwiebelmischung auf dem Teig verteilen, Rand über den Belag falten. Bei 200 Grad etwa 30 Minuten backen, bis der Teig goldbraun ist. Vor dem Servieren etwas setzen lassen.

Herzhaftes Gebäck

Zwiebel-Käse-Muffins

1 Frühlingszwiebel, feingehackt
und 1 Zwiebel, püriert,
1 EL Butter,
1 TL Öl zum Einfetten der Formen,
1/4 l Buttermilch,
1 EL brauner Zucker,
je 6 EL Crème fraîche und Öl,
1 Ei, 100 g Maisgrieß (Polenta),
175 g Weizenmehl,
2 TL Backpulver,
mindestens 1/4 TL Salz,
1 EL Chilipulver oder Paprika,
150 g Emmentaler gerieben,
1/2 Bund Schnittlauch, feingehackt

Zwiebeln in Butter dünsten, abkühlen lassen. Milch mit Zucker, Sahne, Öl und Ei verrühren. Mehl und Grieß mit Backpulver, Salz, Chilipulver vermengen. In den Milchmix rühren. Nun restliche Zutaten und Zwiebeln unter den Teig heben. Gefettete Formen zu 2/3 mit Teig füllen. Bei 200 Grad etwa 15 Minuten backen, bis sie goldbraun sind und sich fest anfühlen. Lauwarm servieren.

Tipp: *Scharfe Zwiebeln schmecken milder, wenn man sie für ein paar Minuten in heißes Wasser legt.*

Schnittlauch-Cookies

*1 Zwiebel, 150 g Mascarpone,
250 g Mehl, 1 Päckchen Backpulver,
150 g Hartkäse, gerieben, 2 Bund
Schnittlauch, feingehackt, Salz*

Die feingehackte Zwiebel mit dem Frischkäse pürieren, mit den übrigen Zutaten zu einem glatten Teig verarbeiten. Etwa 2 cm dick ausrollen und mit jahreszeitlich passenden Ausstechformen (Weihnachtsmann, Osterhase, Tiermotiven etc.) ausstechen oder kleine Kugeln formen. Auf einem mit Backpapier ausgelegten Blech bei 180 Grad backen. Solo zum Knabbern oder zu einem würzigen Dip servieren.

Pikante Zwiebeltörtchen

450 g Blätterteig (TK),
je 250 g Zwiebeln und Tomaten
in hauchdünnen Scheibchen,
je 100 g Kirschtomaten,
Mozzarella und Ziegenkäse,
gewürfelt

Den aufgetauten Blätterteig auf Backpapier legen, ausrollen und in 10 x 10 cm große Stücke teilen, mit einer Gabel mehrfach einstechen, kleinen Rand hochziehen. Mit Zwiebel- und Tomatenscheiben belegen, Kirschtomaten und Käsewürfel mischen und darüber streuen. Bei 200 Grad ca. 25 Minuten backen, bis der Käse zerlaufen ist.

Schneller Flammkuchen

1 türkisches Fladenbrot, quer geteilt

Belag:

500 g rote Zwiebeln, in feinen halben Ringen,
1 Apfel, geschält und gewürfelt,
Blätter von 4 Stängeln frischem Thymian, feingehackt,
je 250 g Crème fraîche und Speck- oder Schinkenwürfel

Belagzutaten gut mischen, auf die Brothälften streichen und im vorgeheizten Backofen bei 180 Grad so lange backen, bis der Belag leicht Farbe angenommen hat. Sofort servieren.

Zwiebelkuchen klassisch

*25 g Hefe, 1/4 l lauwarme Milch,
375 g GOLDPUDER Backmehl
Type 550,
1 Prise Zucker,
5 Eier, Salz,
60 g Butter,
1 kg Zwiebeln,
150 g durchwachsener Speck,
schwarzer Pfeffer, Kümmel,
Muskatnuss, 500 g saure Sahne*

Hefe in die Milch bröckeln, mit 200 g Mehl und Zucker zu einem Teig kneten und ca. 10 Minuten zugedeckt bei 30 Grad gehen lassen. Zusammen mit einem Ei, einer Prise Salz, Butter und Restmehl so-

GOLD

lange kneten, bis sich der Teig von der Schüssel löst. Zugedeckt nochmals 20 Minuten gehen lassen. Zwiebeln abziehen und in Ringe schneiden, Speck fein würfeln, beides in einer Pfanne dünsten und in einem großen Sieb gut abtropfen lassen. Mit Gewürzen abschmecken. Backblech einfetten, den ausgerollten Teig darauf legen und ringsherum einen Rand hochziehen. Zwiebeln und Speck darauf verteilen. Vier Eier mit saurer Sahne verquirlen, mit Salz und Pfeffer abschmecken und über den Kuchen gießen. Im vorgeheizten Backofen bei 200 Grad ca. 30 Minuten backen. Nach Belieben mit frischen Kräutern garnieren.

Vegetarischer Zwiebelkuchen

Teig:
375 g Dinkelvollkornmehl,
30 g Hefe, 200 ml Milch,
1/2 TL Honig,
2 EL Butter, 1 Ei,
1/2 TL Salz, Pfeffer

Belag:
100 g geräucherter Tofu, 1 EL Öl,
2 EL Butter,
1,5 kg Gemüsezwiebeln,
150 g rote Zwiebeln,
beides gewürfelt,
evtl. 2-3 Knoblauchzehen,
feingehackt,
4 Eier,
175 g saure Sahne, Pfeffer, Salz,
Paprika, Kümmel

Hefeteig zubereiten, gehen lassen und ein Backblech damit belegen. Tofuwürfel in Öl und Butter in einem breiten Topf anbraten, Zwiebeln und Knoblauch zugeben, alles unter Rühren dünsten. In einer Schüssel abkühlen lassen, salzen, damit sich Flüssigkeit bildet. Eier und Sahne mischen, kräftig würzen. Abgekühlte Zwiebeln und Eiermix gleichmäßig auf dem Teig verteilen, im vorgeheizten Backofen bei 175 Grad etwa 55 Minuten goldbraun backen.

Die roten Zwiebelwürfel und der Geschmack des Räuchertofus sollen Speckwürfel vortäuschen!

Zwiebelkuchen mit Streuseln

Teig:
250 g Mehl, 100 g Butter,
50 g Parmesan, gerieben,
1 Ei, 1/2 TL Salz
Belag:
1 Glas Bruschetta-Mix,
500 g Zwiebeln, 2 EL Öl, Salz

Teigzutaten miteinander verkneten, 3/4 des Teigs in eine gefettete Backform drücken. Bei 200 Grad 10 Minuten backen. Zwiebelringe in Öl dünsten, kräftig würzen. Bruschetta-Mix auf den Teigboden streichen, dann die Zwiebeln, zuletzt Streusel aus dem Teigrest daraufgeben. Weitere 30 Minuten backen.

Der nächste Winter kommt bestimmt

Würziger Essig

2 EL Zucker, 5 Pfefferkörner, 3 Knoblauchzehen, 1 kleine weiße Zwiebel oder 3 Schalotten, je 1 Stängel frischer Dill oder Basilikum, je 1 Blüte von Bär- und Schnittlauch, 4 Tassen Apfelessig

Flasche auskochen, alle Zutaten einfüllen und mit Essig aufgießen. Luftdicht verschließen, kräftig schütteln! 2 Wochen an einem kühlen Ort ziehen lassen. Dieser Essig hält sich im Kühlschrank bis zu 3 Monate.

Knoblauch-, Schnittlauch- oder Zwiebelöl

6 Knoblauchzehen oder
1 rote Zwiebel in dünnen Scheiben
oder soviel Schnittlauchstängel mit
Blüte wie die Flasche fasst,
1/2 l Olivenöl

Knoblauch- oder Zwiebelscheiben in Öl etwa 15 Minuten köcheln lassen. Abkühlen lassen. Öl durch ein Sieb in eine ausgekochte Flasche füllen. Flasche verschließen. Das Öl hält sich im Kühlschrank sehr lange.

Für Schnittlauch-Öl die Halme mit Blüten in eine Flasche füllen und mit Öl aufgießen.

Rote Zwiebelkonfitüre

1/2 kg rote Zwiebeln,
6 Knoblauchzehen,
100 ml Olivenöl,
je 3 EL Zitronensaft und
brauner Zucker,
2 TL Salz, 1 TL Pfeffer

Das Öl erhitzen, klein geschnittene Zwiebeln, Knoblauch, Zucker, Zitronensaft und Gewürze zugeben. Zugedeckt bei kleiner Hitze etwa 1 Stunde garen. Heiß in Gläser füllen, 5 Minuten kopfüber stehen lassen.
Schmeckt gut auf Butterbrot, zu kaltem Braten oder geräuchertem Fisch.

Zwiebelchutney

500 g Schalotten,
je 250 g kernlose Weintrauben,
Zwetschgen,
Sellerie und Birnen,
1 Tasse Holundersaft,
75 ml Essigessenz,
75 ml Weißwein,
300 g brauner Zucker,
2,5 cm Ingwerwurzel, feingerieben,
Salz

Schalotten abziehen, Trauben halbieren, Zwetschgen entsteinen, Birnen schälen und in dicke Spalten schneiden, Sellerie schälen und in Stifte schneiden. Mit restlichen Zutaten mischen und aufkochen, unter Rühren solange köcheln, bis alle Flüssigkeit verdampft ist. Abschmecken. In Gläser füllen, 5 Minuten kopfüber stehen lassen. Die Früchte können je nach Angebot ausgetauscht werden, solange die Gesamtmenge beibehalten wird. Gut schmeckt das Chutney auch mit Rhabarber, Möhren oder Äpfeln.

Tipp: *Eingemachtes, das Essig enthält, mit Deckeln verschließen, die innen kunststoffbeschichtet sind, da Metalldeckel von der Säure angegriffen werden.*

Schnittlauch-Pesto

je 1 Bund Zitronenbasilikum,
Schnittlauch und
Schnittknoblauch,
1 kleine weiße Zwiebel,
1-2 Knoblauchzehen
nach Geschmack, alles feingehackt,
je 4 EL Olivenöl und
Pinienkerne,
100 g Pecorino oder Parmesan,
am Stück,
1 TL Honig,
1 TL Balsamicoessig,
Pfeffer, Salz

Alle Kräuter mit Knoblauch, Zwiebel und dem Öl pürieren. Pinienkerne dazugeben und mit soviel Öl

weiterpürieren, dass die Mischung nicht zu flüssig wird. Honig und Essig zugeben. Jetzt den Käse in die Mischung reiben, bis eine streichfähige Masse entsteht. Würzen und in kleine Gläser füllen. Zu Spaghetti servieren oder auf Toast als Vorspeise anbieten.

Martini-Zwiebel-Mix

1-2 Hand voll Perl- oder
kleine Luftzwiebeln (Foto),
1 Tasse Wasser,
1 Bio-Zitrone, in Scheiben,
1 Glas grüne Oliven
mit Paprika gefüllt,
trockener Wermut

Das Wasser aufkochen, Zwiebelchen etwa 5 Minuten ziehen lassen. Sie sollen noch Biss haben. Abgießen und mit eiskaltem Wasser abschrecken. In verschließbare Gläser Zitronen, Zwiebeln und Oliven schichten. Mit Wermut auffüllen, bis alles bedeckt ist. Verschlossen im Kühlschrank aufbewahren.

Für einen Martini 6 cl Gin oder Wodka und 2 cl vom Mix in einem Glas mischen, über 3 Eiswürfel in ein Cocktailglas abseihen. Olive oder Zwiebelchen am Cocktailspieß dazu.

Tipp: *Nicht so hochprozentig, dafür würziger ist der Drink mit 4-6 cl Martini-Mix und nur 2 cl Gin oder Wodka.*

Rezeptverzeichnis

Aus dem lieferbaren Mini-Angebot

Pflanzenbüchlein

Faszination Rosen · Heilkräuterbüchlein
Mythos Ginkgo (auch als engl. Ausgabe)
Kamelienbüchlein · Kleine Pilzkunde
Küchenkräuter · Naturapotheke
Tulpenbüchlein · Wildobst

Der besondere Band

Hans Christian Andersen · Auf der Saale-Unstrut-Weinstraße · Auf der Sächsischen Burgen- und Schlösserstraße
Auf der Sächsischen Weinstraße
Das kleine Bach-Büchlein (auch als engl. Ausgabe) · Beloved Sisi
Berlin für die Westentasche
Burgen und Schlösser im Erzgebirge
Wilhelm Busch · Damen gewinnen!
Dresden für die Westentasche (auch in Engl.)
Engel unterwegs · Erfurt für die Westentasche
Erzgebirgisches Weihnachtsbüchlein
Fairy Tale King Ludwig · Faust-Zitate
Frauen-Weisheit · Fußball-ABC · Fürst Pückler
Geliebte Sisi · Glanz des Schönen
Goethe-Zitate · Halle für die Westentasche
Heine-Zitate · Heilende Steine
Heiter bis wolkig. Vom Wetter
Hundebüchlein · Ich hab dich so lieb

Jüdische Feste, Geschichte(n) & Gerichte
Das kleine Kamasutra · Katzenbüchlein
Kinder sind die besten Philosophen
Leipzig für die Westentasche
Leipzig in Pocket Size · Martin Luther
Rosa Luxemburg · Magdeburg für die
Westentasche · Märchenkönig Ludwig II.
Markkleeberg für die Westentasche
Wolfgang Mattheuer · Karl May
Meerschweinchen-Büchlein · Claude Monet
Wolfgang Amadeus Mozart (auch in Engl.)
München für die Westentasche
Nietzsche-Zitate · Pferdebüchlein
Parks & Gärten in Sachsen-Anhalt
Philosophinnen-Sprüche
Rainer Maria Rilke · Joachim Ringelnatz
Sandmännchen-Büchlein
Schiller-Zitate · Shakespeare-Zitate
August Strindberg · Der Vogelkopp
Lene Voigt. Weibergespräche
Weimar für die Westentasche
Weisheiten der Welt
Wetter- & Bauernregelbüchlein
Witz und Weisheit der Tataren · Heinrich Zille